DINOSAURIER MALBUCH

NFV

Qualle

Trilobit

Basilosaurus, Tylosaurus, Dunkleosteus:
Diese Tiere hatten eine ähnliche Körperform, die es ihnen
ermöglichte, als Fischfresser im offenen Ozean zu leben.

Der Tiktaalik und der Ichthyostega waren Übergangs-
formen vom Fisch zum Landtier. Die Brustflossen des
Tiktaalik erinnern bereits an Arme.

Tiktaalik

Ichthyostega

Ankylosaurier konnten sich mit einer Keule am
Schwanz gegen Fleischfresser verteidigen.

Tyrannosaurus

Ankylosaurus

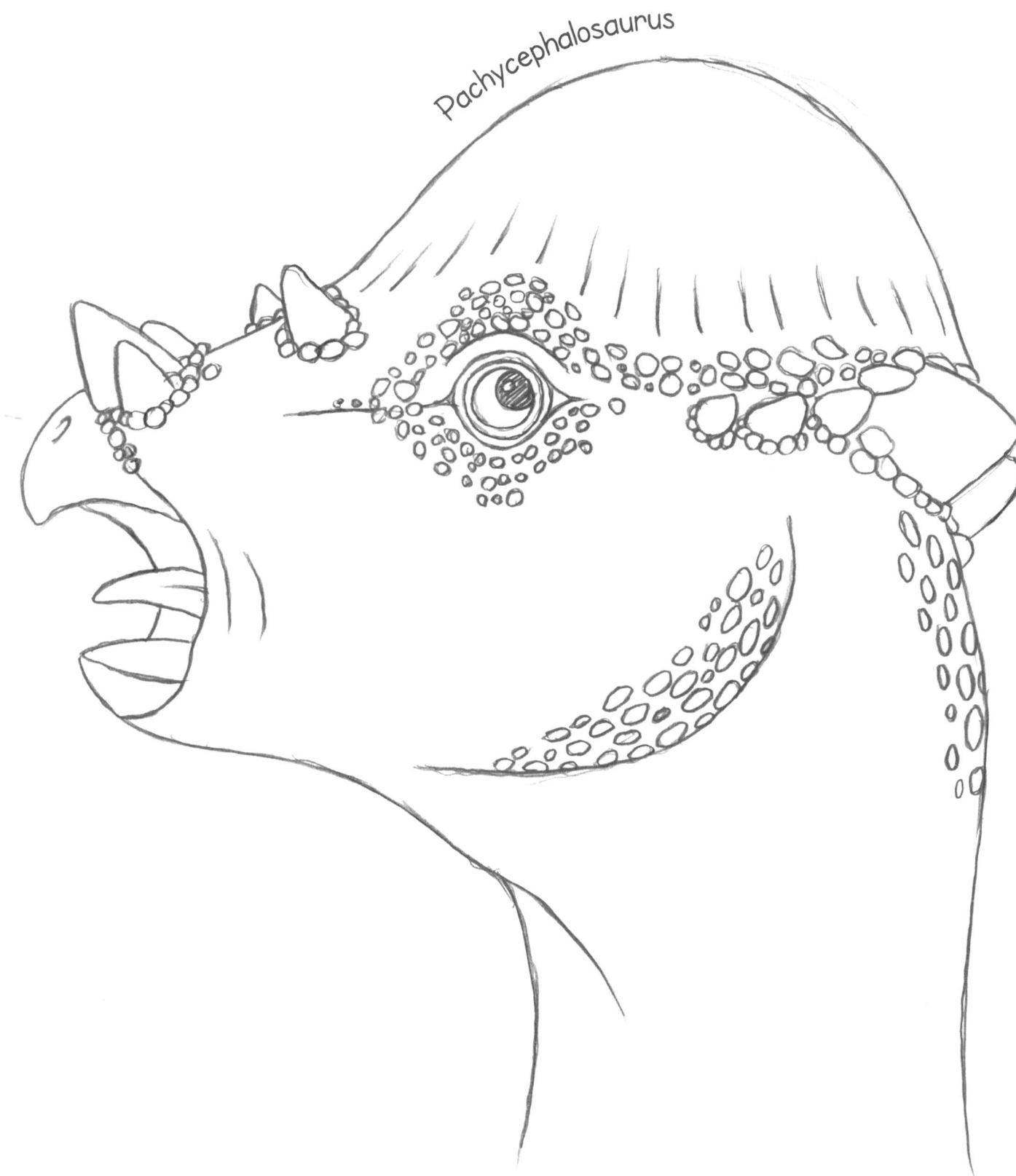
Pachycephalosaurus

Rekonstruktion eines Pachycephalosaurus:
Vermutlich bewegte er sich auf den verlängerten
Hinterbeinen fort.

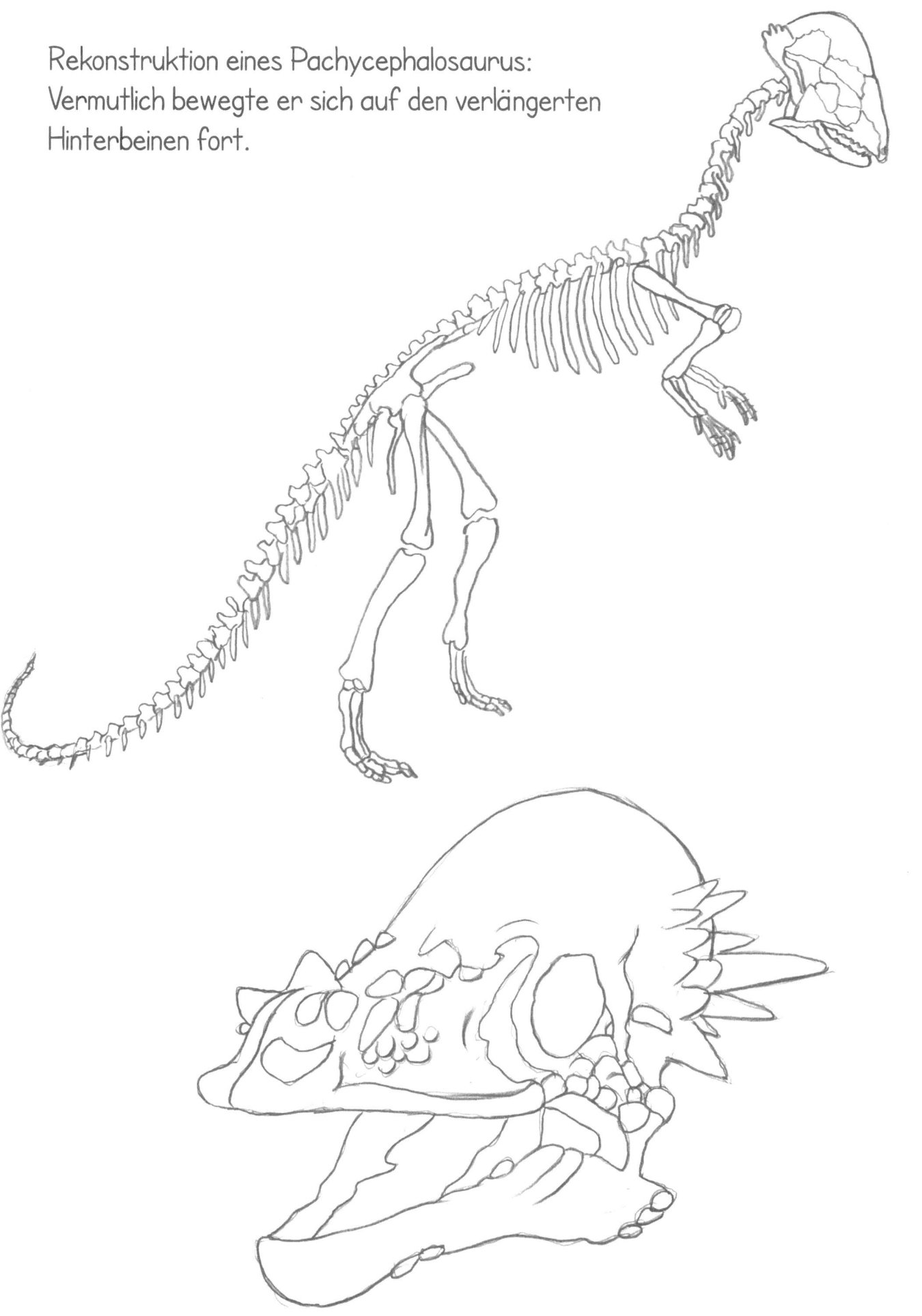

Dinosaurier-Embryo

Der Dino-Nachwuchs
steckt noch im Ei.

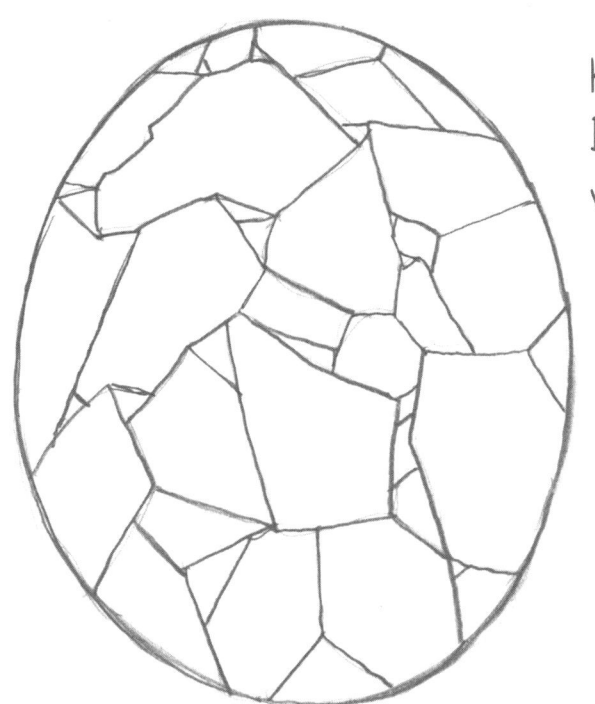

Kurz vor dem Schlüpfen.
Die Eierschale ist
vollkommen gebrochen.

Der riesige Carcharodontosaurus versucht,
den kleinen Herrerasaurus anzugreifen.

Carcharodontosaurus

Im Unterkiefer des Herrerasaurus befand sich ein flexibles Gelenk, welches das Festhalten von Beutetieren erleichterte.

Herrerasaurus

Der Schädel eines Triceratops bestand
vom Schnabel bis zum Schild aus massiven
Knochen und blieb übrig, wenn der Rest des
Skeletts längst verrottet war.

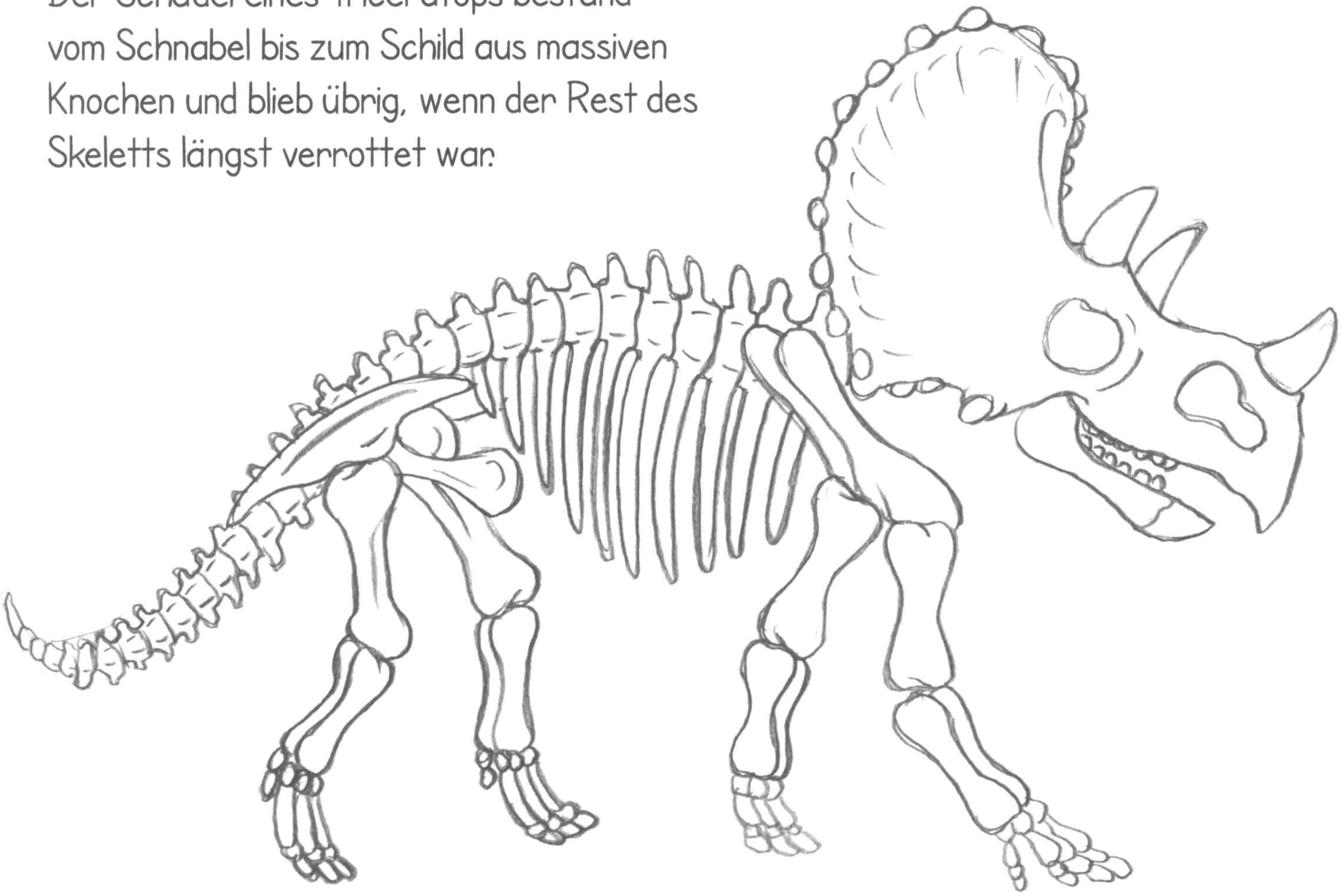

Triceratops

Ein Anchiornis war ein kleiner, vogelähnlicher Dinosaurier mit Federn an Armen und Beinen.

Anchiornis

Ein Anchiornis, einer der ersten Vögel der Welt.

Brachiosaurus

Diese gigantischen Dinosaurier
ernähren sich nur von Pflanzen.

Diplodocus

Plesiosaurus

Nothosaurus

Der Plesiosaurus konnte unter Wasser „fliegen", so wie es heute noch die Pinguine tun. Obwohl der Nothosaurus in Flüssen lebte, konnte er sich auch an Land fortbewegen.

Der Parasaurolophus ist ein Pflanzenfresser und kann sich entweder auf zwei oder vier Beinen fortbewegen.

Parasaurolophus

Der Spinosaurus war einer der größten
Fleischfresser, die sowohl an Land als auch
im Wasser nach Nahrung suchten.

Spinosaurus

Gigantoraptor

Der Gigantoraptor war ca. 8 Meter
lang und wog ca. 1400 Kilogramm.

Yixianosaurus

Euoplocephalus

Die gepanzerten Dinos gingen auf die Suche nach Wasserquellen.

Stegosaurus

Die riesigen Pflanzenfresser konnten bis zu
9 Meter lang und 4 Meter hoch werden.

Der Name Pachyrhinosaurus bedeutet
„Dicknasenechse" und Gorgosaurus
„ungestüme Echse".

Pachyrhinosaurus

Gorgosaurus

Pteranodon

Spinosaurus

Der Flugsaurier Pteranodon
ernährte sich ebenso von Fischen
wie der auf dem Land lebende
Spinosaurus.

Therizinosaurus-Baby

Neugeborene Dinos wurden von
fleischfressenden Dinosauriern,
wie dem Tyrannosaurus, bedroht.

Tyrannosaurus

Tyrannosaurus

Carcharodontosaurus

Der Carcharodontosaurus konnte
bis zu 13 Meter lang werden.
Er hatte starke Klauen und wird
auch „Scharfzahn-Echse" genannt.

Diplophosaurus

Hypsilophodon

Anstatt seine Beute zu jagen und zu
töten, besprühte der Diplophosaurus
seine Opfer mit einem Gift und schwächte
sie dadurch.

Centrosaurus

Styracosaurus

Mit ihren großen Hörnern konnten
sich die beiden Pflanzenfresser
gut gegen Angreifer wehren.

Baryonyx

Der Corythosaurus ernährte sich vor allem von Samen, Zweigen und Früchten. Er wurde bis zu 9 Metern lang und sein Schädel wurde einschließlich des Kamms bis zu 70 Zentimeter hoch.

Corythosaurus

Skelett eines Pteranodon: Der langgestreckte Schädel
mündete vorne in einen zahnlosen Schnabel. Seine
Flügelspannweite erreichte bis zu 7 Meter.

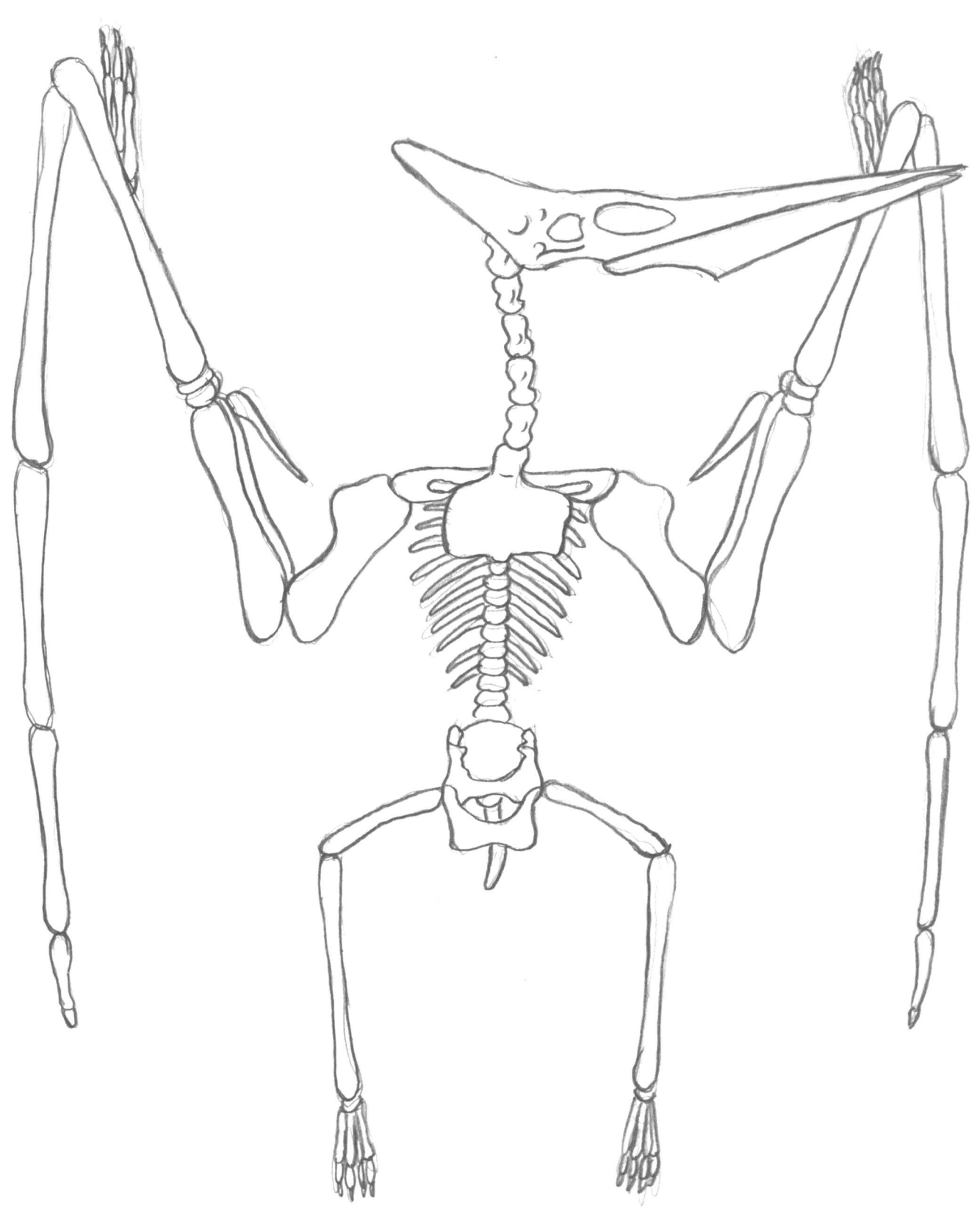

Pteranodon

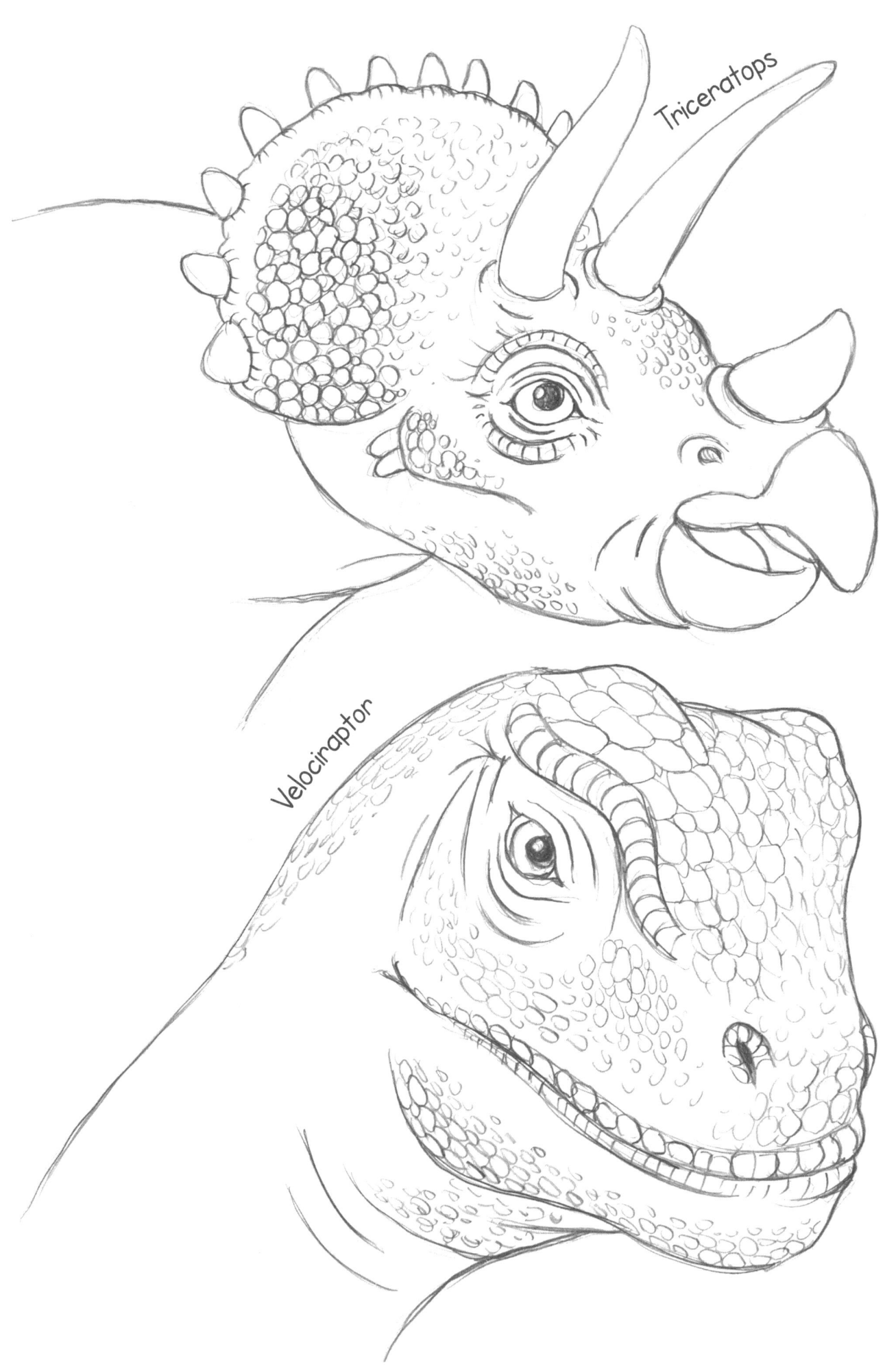

Triceratops

Velociraptor

Die Dinosaurier hatten verschieden-
artige Schädelformen.

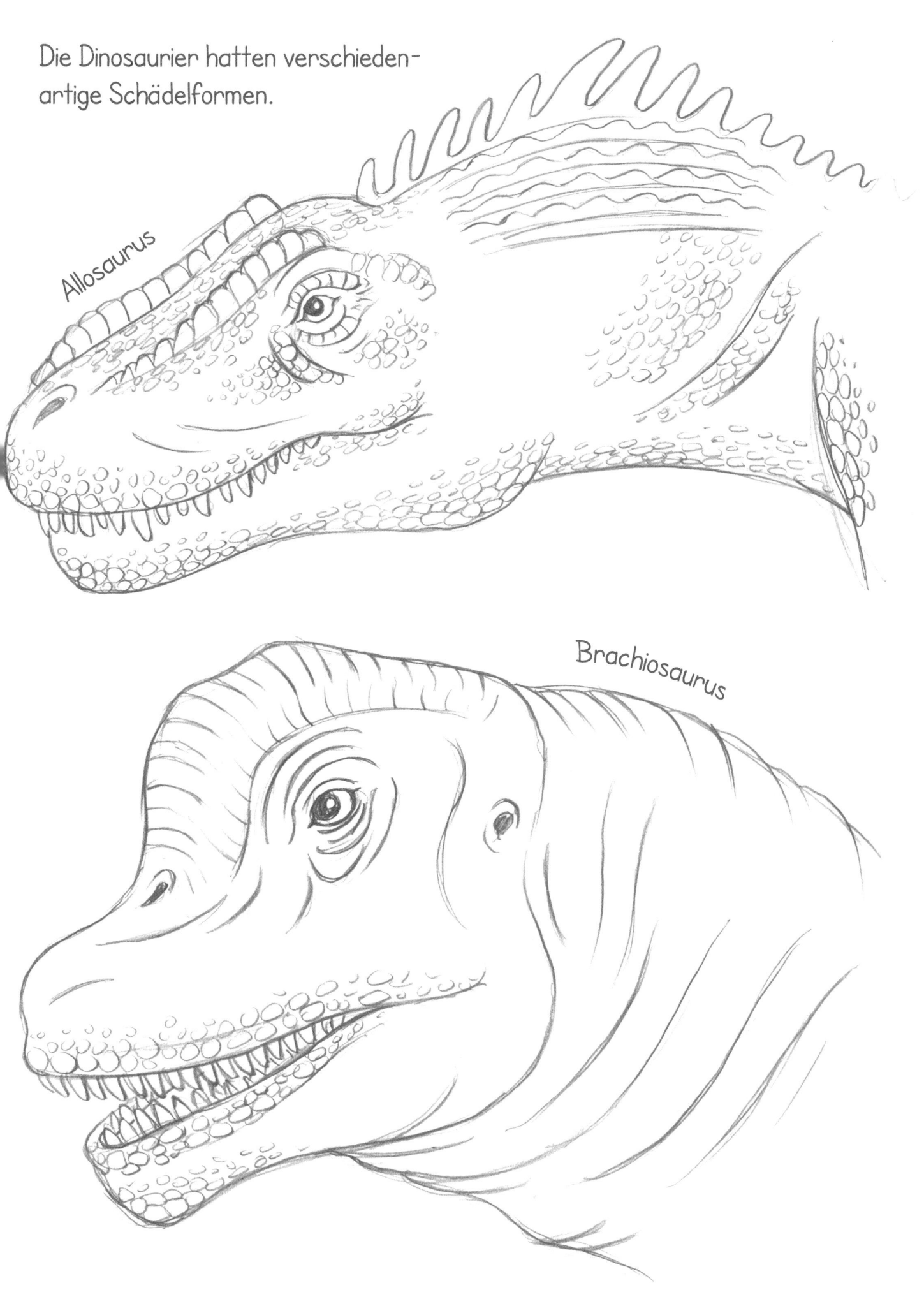

Allosaurus

Brachiosaurus

Triceratops und Allosaurus lebten zu unterschiedlichen Zeiten in Nordamerika.

Allosaurus

Die Verwandtschaft mit den heutigen Krokodilen ist unverkennbar.

Spinosaurus

Allodaposuchus

Mit seiner gefährlichen Daumen-
kralle konnte der Baryonyx einen
Fisch aufschlitzen.

Baryonyx

Ankylosaurus

Dinos gab es in verschiedenen Formen und Größen, als Zwei- und Vierbeiner und als Pflanzen- und Fleischfresser.

Tyrannosaurus

Spinosaurus

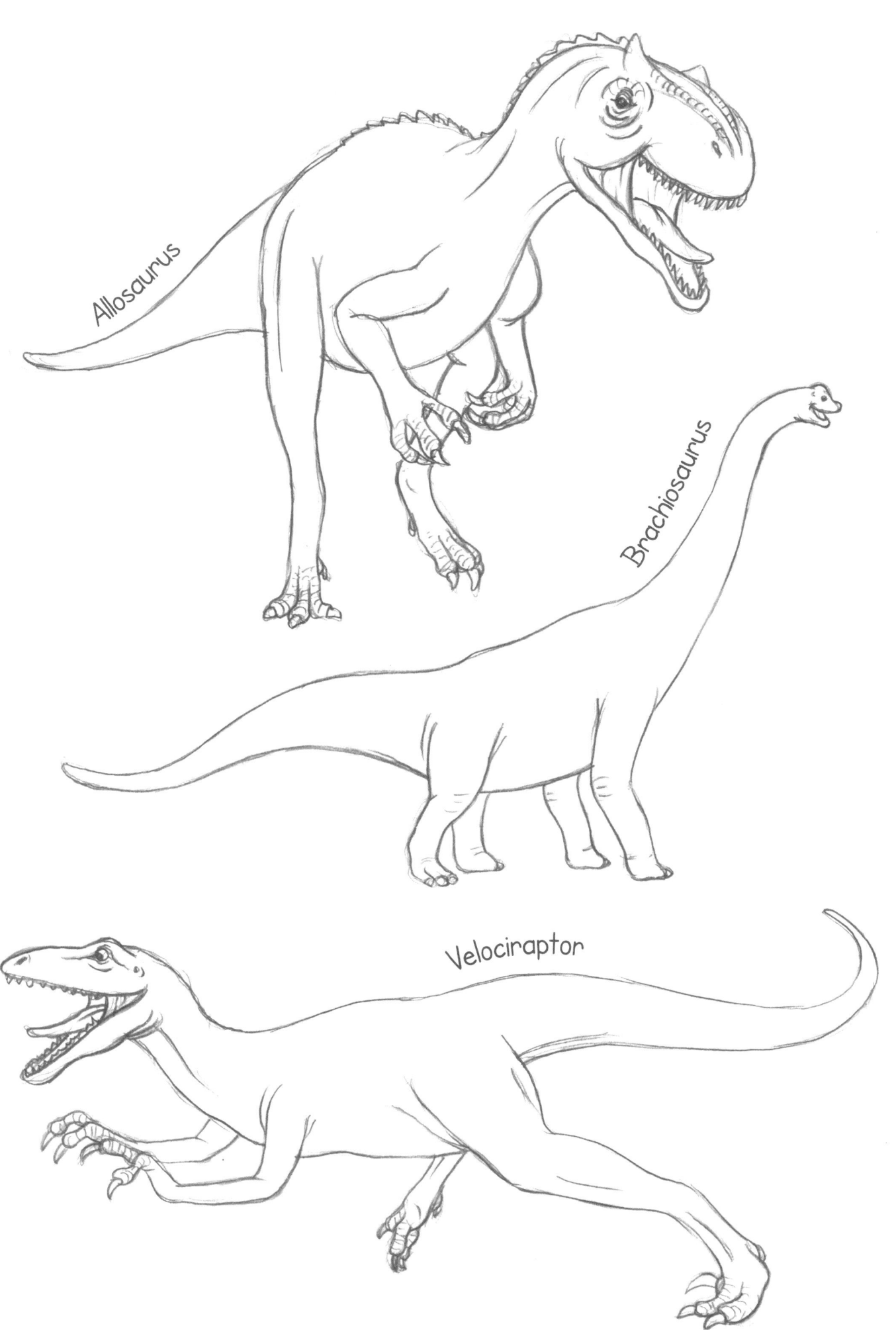

Allosaurus

Brachiosaurus

Velociraptor

Der Compsognathus war für einen Dinosaurier ziemlich
klein und zierlich: Er wog nur ca. 3 kg und wurde nur
knapp über 1 Meter lang.

Compsognathus

Auf dem Rücken trug der Concavenator zwei
„Höcker". Der vordere Höcker war etwa viermal
so hoch wie der hintere.

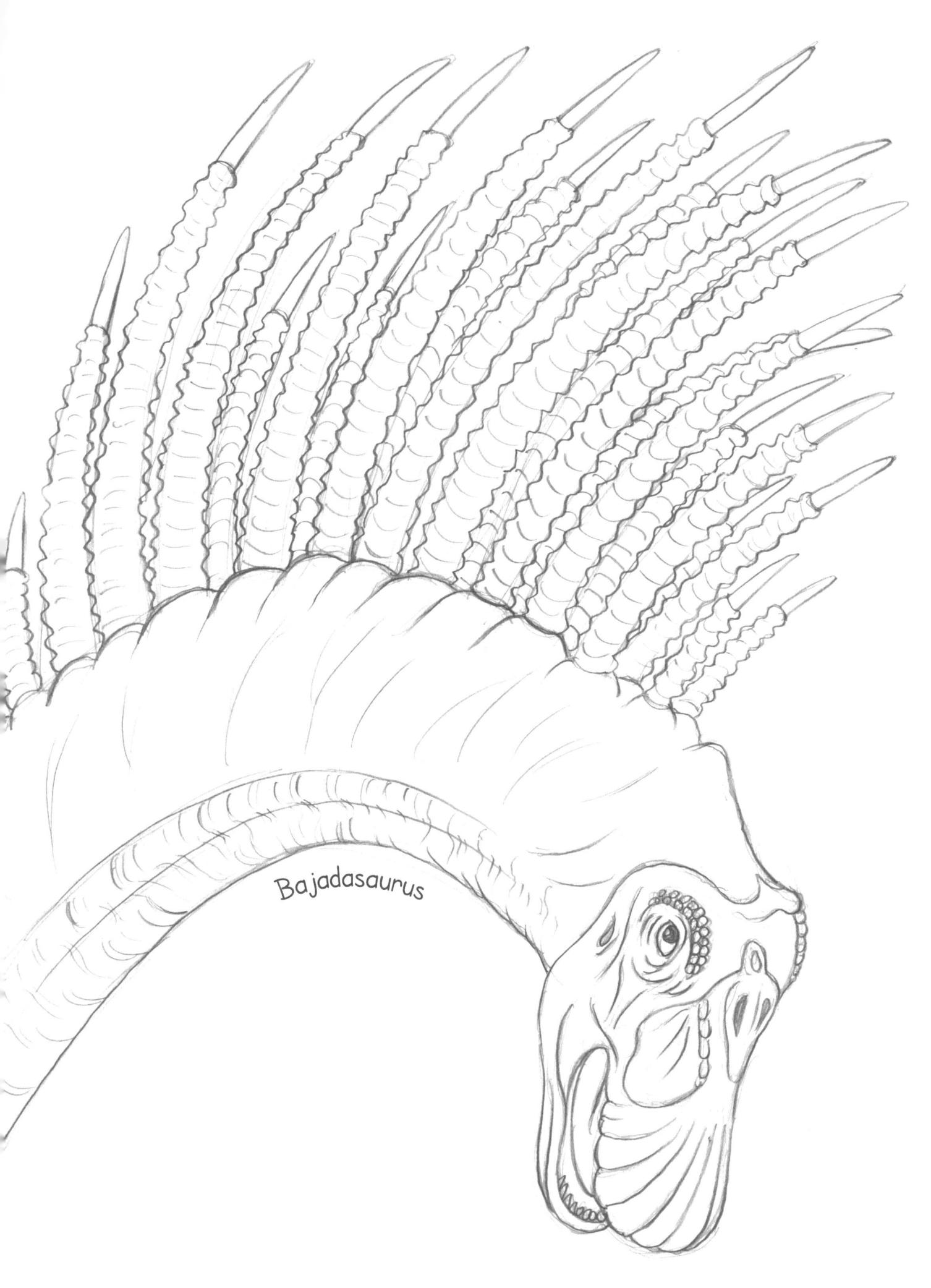

Bajadasaurus

Der Chilesaurus lebte in Chile und
ernährte sich nur von Pflanzen.
Sein Körper maß ca. 3 Meter von
der Nase bis zum Schwanz.

Chilesaurus